skola - sikolwa	2
ceļojums - kuhamba	5
transports - kwetfutsa	8
pilsēta - lidolobha lelikhulu	10
ainava - libala	14
restorāns - sitolo sekudla	17
lielveikals - isuphamakethe	20
dzērieni - tinatfo	22
ēdiens - kudla	23
zemnieku saimniecība - lipulazi	27
māja - indlu	31
viesistaba - indzawo yamabonakudze	33
virtuve - likhishi	35
vannas istaba - likamelo lekugezela	38
bērnu istaba - likamelo lemntfwana	42
apģērbs - timphahla tekugcoka	44
birojs - lihhovisi	49
ekonomika - umnotfo	51
profesijas - tikhundla	53
instrumenti - emathulusi	56
mūzikas instrumenti - insimbi yemculo	57
zooloģiskais dārzs - i-zoo	59
sports - temidlalo	62
darbības - imisebenti	63
ģimene - umndeni	67
ķermenis - umtimba	68
slimnīca - sibhedlela	72
ārkārtas gadījums - simo lesiphutfumako	76
zeme - Umhlaba	77
pulkstenis - liwashi	79
nedēļa - liviki	80
gads - umnyaka	81
formas - kubumbeka kwetintfo	83
krāsas - imibala	84
pretstati - lokwehlukile	85
skaitļi - tinombolo	88
Valodas - tilwimi	90
kas / ko / kā - ngubani / ini / njani	91
kur - kuphi	92

Impressum
Verlag: BABADADA GmbH, Nedderfeld 112 , 22529 Hamburg
Geschäftsführer / Verlagsleitung: Harald Hof
Druck: Books on Demand GmbH, In de Tarpen 42, 22848 Norderstedt

Imprint
Publisher: BABADADA GmbH, Nedderfeld 112 , 22529 Hamburg, Germany
Managing Director / Publishing direction: Harald Hof
Print: Books on Demand GmbH, In de Tarpen 42, 22848 Norderstedt

skola
sikolwa

- klases telpa / likilasi
- dalīt / hlukanisa
- tāfele / libhodi
- skolas pagalms / ligceke lesikolwa
- skolotājs / thishela
- papīrs / liphepha
- rakstīt / bhala
- pildspalva / ipeni
- rakstāmgalds / lideski
- lineāls / i-ruler
- grāmata / incwadzi
- skolēns / umuntfu

skolas soma
sikhwama setincwadzi tesikolwa

penālis
sikhwanyana semapenisela

zīmulis
ipenisela

zīmuļu asināmais
umshini wekulolo ipenisela

dzēšgumija
i-rubber

zīmēšanas bloks
intfo yekudvweba

zīmējums
umdvwebo

ota
libhulashi lekupenda

krāsas
libhokisi lekupenda

šķēres
tikelo

līme
i-glue

darba burtnīca
incwadzi yekutadisha

mājas darbs
umsebenti wasekhaya

skaitlis
inombolo

saskaitīt
hlanganisa

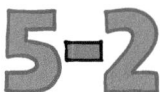
atņemt
susa

reizināt
phindzaphidza

rēķināt
bala

burts
incwadzi

alfabēts
feleba

vārds
ligama

skola - sikolwa

teksts
umbhalo

lasīt
fundza

krīts
ishogo

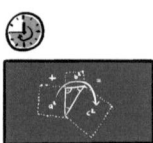

mācību stunda
sifundvo

žurnāls
i-register

eksāmens
sivivinyo sekugcina

liecība
sitifiketi

skolas forma
timphahla tesikolwa

izglītība
imfundvo

enciklopēdija
i-ensaklopheda

universitāte
inyuvesi

mikroskops
sipopolo

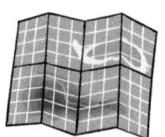

karte
libalave

papīrgrozs
libhakede lekulahla emaphepha

skola - sikolwa

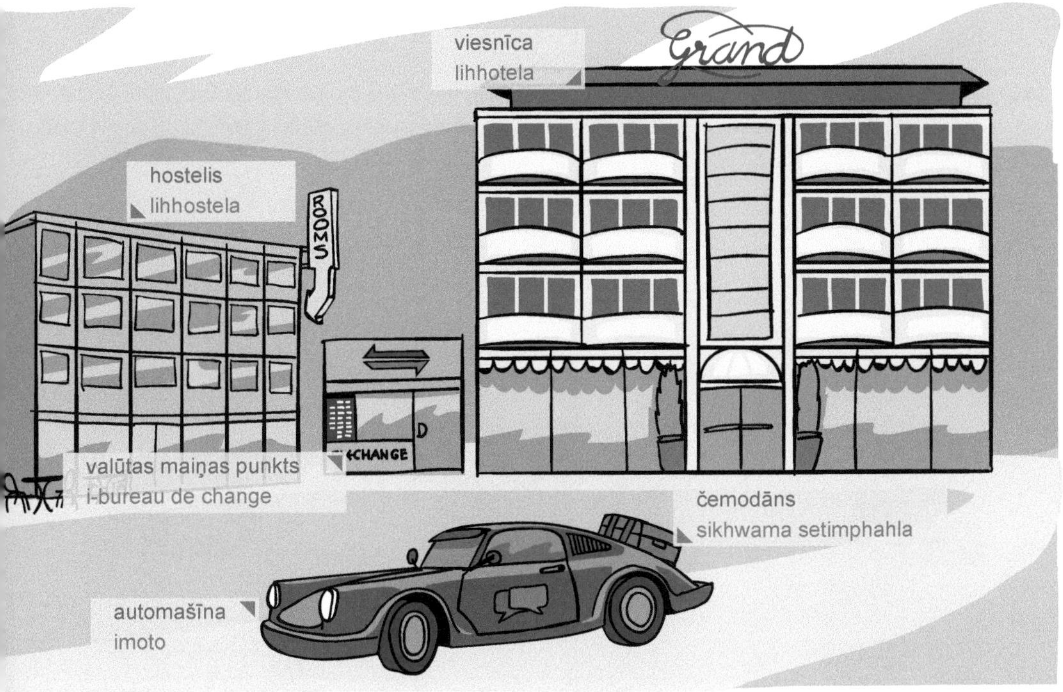

ceļojums
kuhamba

viesnīca
lihhotela

hostelis
lihhostela

valūtas maiņas punkts
i-bureau de change

čemodāns
sikhwama setimphahla

automašīna
imoto

Valoda
lulwimi

jā / nē
yebo / cha

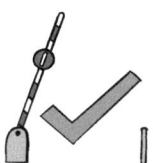

Okay
Kulungile

Sveiki!
sawubona

tulks
umhumushi

paldies
Siyabonga

Cik maksā...?
ingumalini i....?

Es nesaprotu
angivisisi kahle

problēma
inkinga

Labvakar!
Lishonile!

Labrīt!
Kusile!

Ar labu nakti!
Ulale kahle!

Uz redzēšanos
sala kahle

virziens
sicondziso

bagāža
umtfwalo

soma
sikhwama

mugursoma
sikhwama lesigacwako

viesis
sivakashi

istaba
likamelo

guļammaiss
sikhwama sekulala

telts
lithende

ceļojums - kuhamba

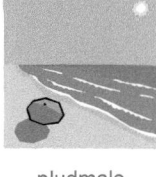

tūrisma informācija
imininingwane yetivakashi

pludmale
ibhishi

kredītkarte
likhadi lemali

brokastis
kudla kwasekuseni

pusdienas
kudla kwasemini

vakariņas
kudla kwantsambama

biļete
lithikithi

lifts
i-lift

pastmarka
sitembu

robeža
umcele

muita
emakhasimende

vēstniecība
i-embasi

vīza
i-visa

pase
ipasipoti

ceļojums - kuhamba

transports
kwetfutsa

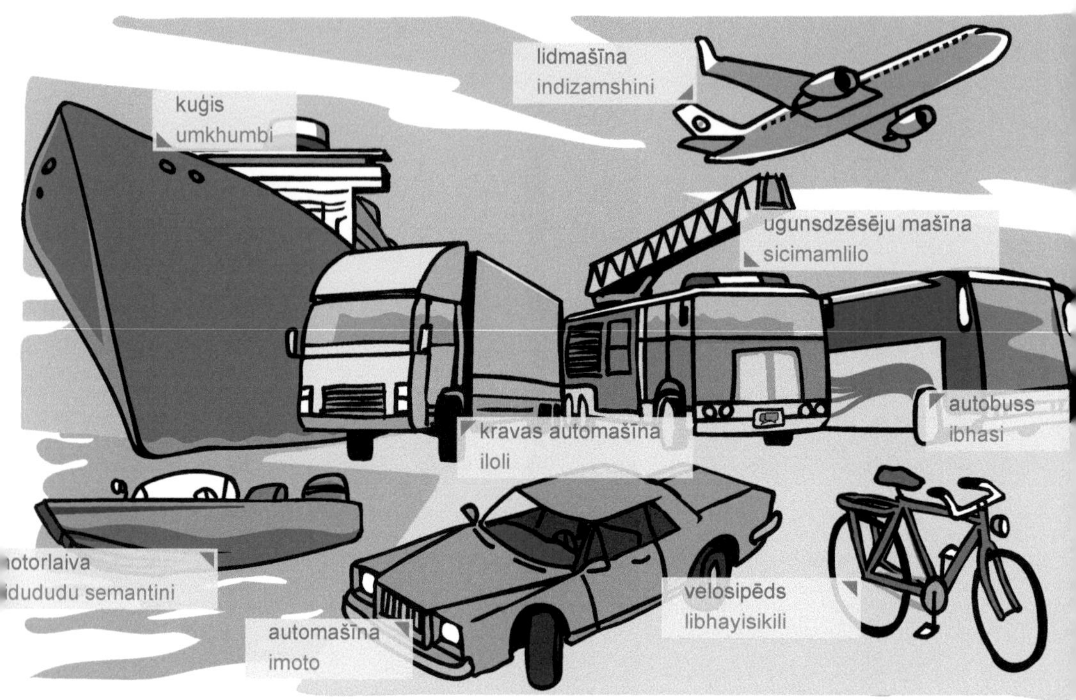

- lidmašīna / indizamshini
- kuģis / umkhumbi
- ugunsdzēsēju mašīna / sicimamlilo
- autobuss / ibhasi
- kravas automašīna / iloli
- motorlaiva / idududu semantini
- automašīna / imoto
- velosipēds / libhayisikili

prāmis
i-ferry

laiva
sikebhe

motocikls
sidududu

policijas automašīna
imoto yemaphoyisa

sacīkšu automobilis
imoto yemjaho

nomas auto
imoto yekucashisa

auto koplietošana

kubolekana imoto

evakuators

i-breadown

atkritumu mašīna

iloli yetibi

dzinējs

imoto

benzīns

phethiloli

degvielas uzpildes stacija

ligalaji laphethiloli

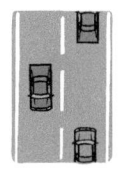

ceļa zīme

luphawu lwemgwaco

satiksme

incumbi yetimoto

sastrēgums

incumbi yetimoto letime emngwacweni

stāvvieta

ipaki yemoto

dzelzceļa stacija

siteshi sesitimela

sliedes

imizila

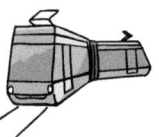

vilciens

sitimela

tramvajs

i-tram

vagons

inkalishi

transports - kwetfutsa

helikopters
indiza lenaphephela emhlane

lidosta
sikhungo setindiza

tornis
imoto yekudvonsa letibhajiwe

pasažieris
bagibeli

konteiners
intfo yekutfwala

kaste
likhathoni

ratiņi
i-cart

grozs
bhasikidi

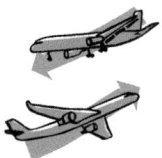
pacelties / nosēsties
kusuka / kwehla

pilsēta
lidolobha lelikhulu

ciems
umuti

pilsētas centrs
ekhatsi nelidolobha

māja
indlu

10   pilsēta - lidolobha lelikhulu

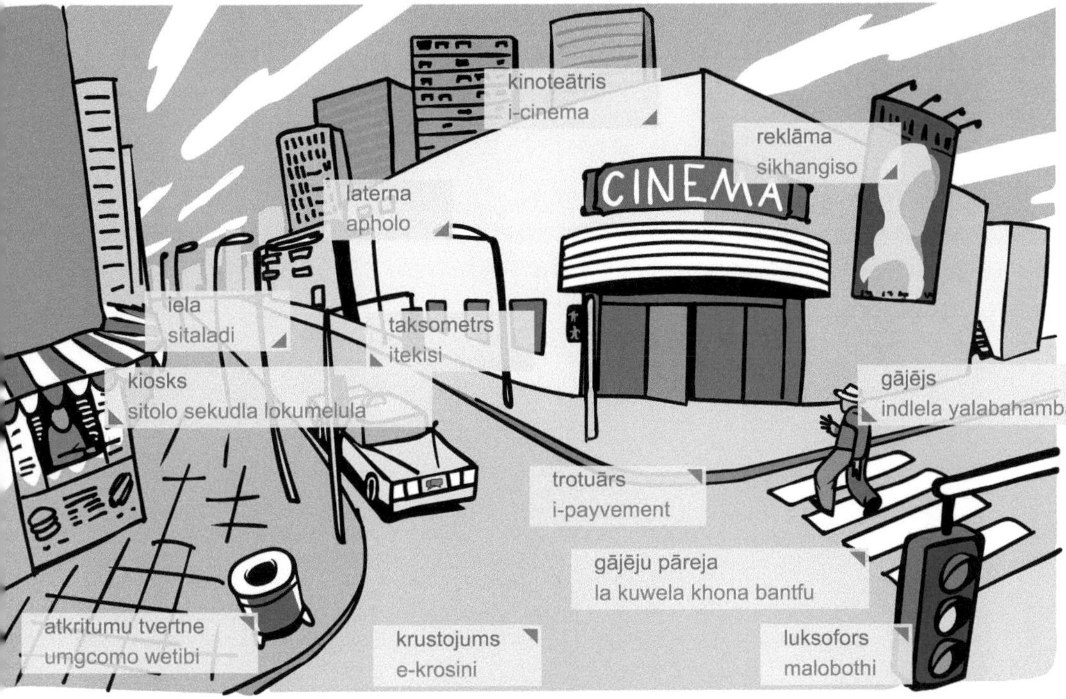

kinoteātris
i-cinema

reklāma
sikhangiso

laterna
apholo

iela
sitaladi

taksometrs
itekisi

kiosks
sitolo sekudla lokumelula

gājējs
indlela yalabahamba

trotuārs
i-payvement

gājēju pāreja
la kuwela khona bantfu

atkritumu tvertne
umgcomo wetibi

krustojums
e-krosini

luksofors
malobothi

būda
gucasthandaze

dzīvoklis
lifulethi

dzelzceļa stacija
siteshi sesitimela

rātsnams
lihholwa lasedolobheni

muzejs
imnyusiyamu

skola
sikolwa

pilsēta - lidolobha lelikhulu

universitāte
inyuvesi

banka
libhange

slimnīca
sibhedlela

viesnīca
lihhotela

aptieka
ikhemisi

birojs
lihhovisi

grāmatnīca
sitolo setincwadzi

veikals
sitolo

ziedu veikals
lotsengisa timbali

lielveikals
isuphamakethe

tirgus
imakethe

tirdzniecības centrs
litiko letitolo

zivju tirgotājs
batsengisi betimfishi

tirdzniecības centrs
luchungechuge lwetitolo

osta
sikhungo

pilsēta - lidolobha lelikhulu

parks
lipaki

sols
libhentji

tilts
libhuloho

kāpnes
titezi

metro
ngephansi kwemhlaba

tunelis
umhume

autobusa pieturvieta
siteshi sebhasi

bārs
sitolo setjwala

restorāns
sitolo sekudla

pastkastīte
libhokisi leliposi

ielas nosaukuma plāksne
luphawu lwemgwaco

stāvlaika skaitītājs
umshini lobala sikhatsi sekupaka

zooloģiskais dārzs
i-zoo

peldbaseins
i-swimming pool

mošeja
lisontfo lemasulumane

zemnieku saimniecība · vides piesārņojums · kapsēta
lipulazi · kugcolisa umoya · emathuna

baznīca · spēļu laukums · templis
lisontfo · inkhundla yetemidlalo · lithempeli

ainava
libala

lapa / licembe
ceļrādis / luphawu lwemgwaco
ceļš / indlela
pļava / umshiya
akmens / litje
koks / sihlahla
ceļotājs / lohamba indlela lendze ngetinyawo
upe / umfula
zāle / tjani
puķe / imbali

ieleja
sihosha

kalns
ligcuma

ezers
lidanyana

mežs
lihlatsi

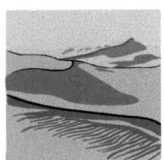

tuksnesis
lihlane

vulkāns
intsabamlilo

pils
umhlambi wetinkhomo

varavīksne
umushi wenkhosatane

sēne
likhowa

palma
sihlahla semphayini

moskīts
imbuzulwane

muša
kundiza

skudra
intfutfwane

bite
inyosi

zirneklis
sayobi

ainava - libala

15

vabole
inkhubabulongo

varde
sicoco

vāvere
chakijane

ezis
ingungumbane

zaķis
lolunye luhlobo lwalogwaja

pūce
sikhova

putns
inyoni

gulbis
i-swan

meža cūka
ingulube yesiganga

briedis
inyamatane

alnis
i-moose

aizsprosts
lidamu

vēja ģenerators
i-wind turbine

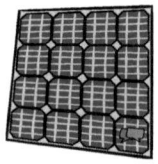

saules baterija
i-solar panel

klimats
simo selitulu

ainava - libala

restorāns
sitolo sekudla

- viesmīlis / waiter
- ēdienkarte / luhla lwekudla
- krēsls / situlo
- zupa / lisobho
- pica / i-pizza
- galda piederumi / tipuni imimese netimfologo
- galdauts / indvwangu yelitafula

uzkoda
kudla lokusicalo

pamatēdiens
kudla locinile

deserts
idizethi

dzērieni
tinatfo

ēdiens
kudla

pudele
libhodlela

restorāns - sitolo sekudla

ātrās uzkodas
kudla lokusheshako

ielu uzkodas
kudla kwasemngwacweni

tējkanna
ligedlela lelitiye

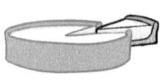

cukurtrauks
indishi yashukela

porcija
incenye

espresso kafijas automāts
umshini we-espresso

bāra krēsls
situlo lesiphakeme

rēķins
ibhili

paplāte
li-tray

nazis
umukhwa

dakša
imfologo

karote
sipuni

tējkarote
sipuni lesincane

salvete
ithishu yetandla

glāze
ligilasi

restorāns - sitolo sekudla

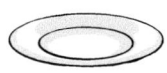  

šķīvis	zupas šķīvis	apakštase
lipuleti	lipuleti lelisobho	lipringi

 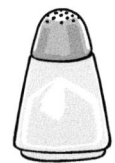 

mērce	sāls trauciņš	piparu dzirnaviņas
i-sauce	libhodvo lasawoti	i-pepper mill

  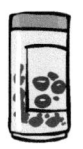 

etiķis	eļļa	garšvielas
niniga	emafutsa awoyela	tipayisi

kečups	sinepes	majonēze
i-ketchup	i-mustard	mayonasi

restorāns - sitolo sekudla

lielveikals
isuphamakethe

piedāvājums
lokusendalini

klients
likhasimende

piena produkti
indzawo yelubisi

augļi
titselo

iepirkumu ratiņi
i-trolley

kautuve
ibhushari

maizes veikals
i-baker

svērt
kala

dārzeņi
tibhidvo

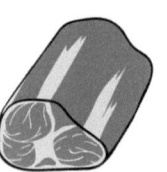

gaļa
inyama

saldēti produkti
kudla lokucandzisiwe

lielveikals - isuphamakethe

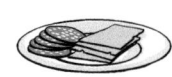
aukstās gaļas uzkodas
inyama lebandzako

konservi
kudla likusemathinini

pulveris
insipho yekuwasha

saldumi
emaswidi

mājsaimniecības preces
tintfo tasekhaya

tīrīšanas līdzeklis
imitsi yekukolobha

pārdevēja
umuntfu lotsengisako

kase
endzaweni yekubhadala

kasieris
umtsengisi

iepirkumu saraksts
uhla lwetintfo tekutsengwa

darba laiks
ema-awa ekuvula

maks
sipatji

kredītkarte
likhadi lemali

soma
sikhwama

maisiņš
sikhwama seshekhasi

lielveikals - isuphamakethe

dzērieni
tinatfo

ūdens
emanti

sula
ijuzi

piens
lubisi

kola
ikhokhi

vīns
liwani

alus
ibhiya

alkohols
tjwala

kakao
ikhokho

tēja
litiye

kafija
likhofi

espresso
i-espresso

kapučīno
i-cappuccino

ēdiens
kudla

banāns
bhanana

ābols
lihhabhula

apelsīns
liwolintji

melone
melon

citrons
ilemoni

burkāns
emavondlela

ķiploks
galiki

bambuss
i-bamboo

sīpols
anyanisi

sēne
emakhowa

rieksti
emantongomane

makaroni
ema-noodles

spageti	rīsi	salāti
sipageti	lilayisi	isaladi

frī kartupeļi	cepti kartupeļi	pica
emashibusi	emazambane lafrayiwe	i-pizza

hamburgers	sviestmaize	šnicele
i-burger	isengwishi	inyama lefulawe netimvitsi tesinkhwa

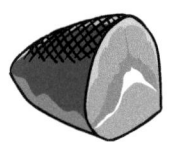

šķiņķis	salami	desa
i-ham	isalami	livosi

vista	cepetis	zivs
inyama yenkhukhu	lokufrayiwe	imfishi

ēdiens - kudla

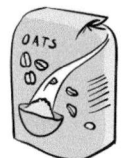
auzu pārslas
i-oats

muslis
imusili

brokastu pārslas
ema-cornflakes

milti
fulawa

radziņš
ema-croissant

brokastu maizītes
sinkhwa

maize
sinkhwa

tostermaize
linkhwa lesithosiwe

cepumi
emabhisikidi

sviests
bhotela

biezpiens
i-curd

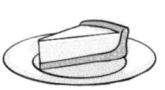
kūka
likhekhe

ola
emacandza

cepta ola
emacandza lafulayiwe

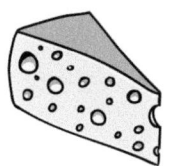
siers
ishizi

ēdiens - kudla

saldējums	cukurs	medus
i-ice cream	shukela	luju

marmelāde	riekstu krēms	karijs
jamu	shokolethi	ikheri

ēdiens - kudla

zemnieku saimniecība
lipulazi

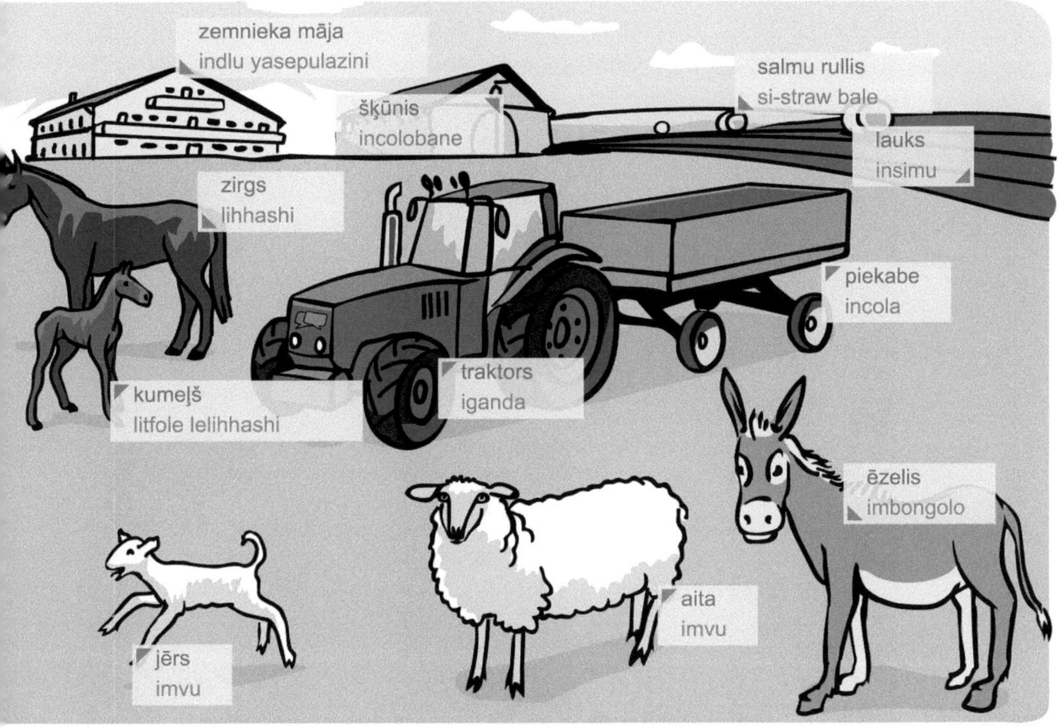

zemnieka māja
indlu yasepulazini

šķūnis
incolobane

salmu rullis
si-straw bale

lauks
insimu

zirgs
lihhashi

piekabe
incola

kumeļš
litfole lelihhashi

traktors
iganda

ēzelis
imbongolo

aita
imvu

jērs
imvu

kaza
imbuti

govs
inkhomo

teļš
litfole

cūka
ingulube

sivēns
ingulutjana

bullis
inkhunzi

zoss
lihansi

pīle
lidada

cālis
lintjwele

vista
sikhukhukati

gailis
lichudze

žurka
ligundvwane

kaķis
likati

pele
ligundvwane lelincane

vērsis
inkhunzi

suns
inja

suņa būda
indlu yenja

dārza šļūtene
liphayiphi lemanti asengadzini

lejkanna
libhakede lemanti

izkapts
i-scythe

arkls
likhuba leganda

zemnieku saimniecība - lipulazi

sirpis
lisikela

kaplis
likhuba

mēslu dakša
imfologo yetjani

cirvis
lizembe

ķerra
libhala

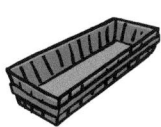
sile
litrofula

piena kanna
iromkani

maiss
lisaka

žogs
ifenisi

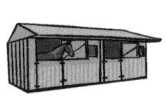
kūts
sitebele

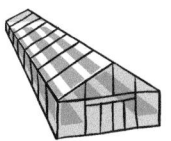
siltumnīca
indlu leluhlata

augsne
umhlabatsi

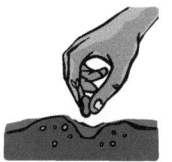
sēklas
imbewu

mēslojums
sivundzisi

kombains
bavuni

zemnieku saimniecība - lipulazi

novākt ražu

vuna

raža

sivuno

jamss

i-yams

kvieši

likhula

soja

isoyi

kartupelis

lizambane

kukurūza

sibhuluja sembila

rapsis

i-rapeseed

augļu koks

sihlahla setitselo

manioka

bhatata

labība

ema-cereals

māja
indlu

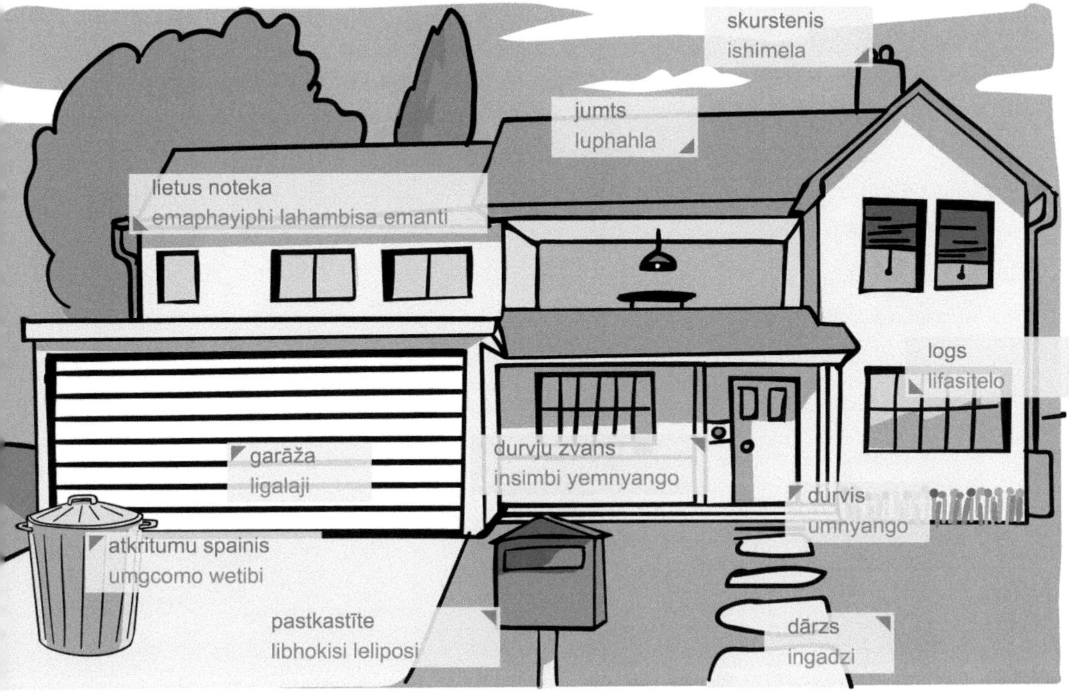

skurstenis
ishimela

jumts
luphahla

lietus noteka
emaphayiphi lahambisa emanti

logs
lifasitelo

garāža
ligalaji

durvju zvans
insimbi yemnyango

durvis
umnyango

atkritumu spainis
umgcomo wetibi

pastkastīte
libhokisi leliposi

dārzs
ingadzi

viesistaba
indzawo yamabonakudze

vannas istaba
likamelo lekugezela

virtuve
likhishi

guļamistaba
likamelo

bērnu istaba
likamelo lemntfwana

ēdamistaba
ligumbu lekudlela

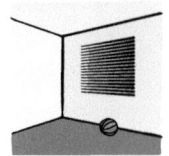

grīda
siyilo

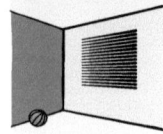

siena
lubondza

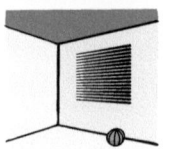

griesti
isilingi

pagrabs
i-cellar

sauna
i-sauna

balkons
umpheme

terase
libala

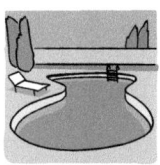

baseins
lidamu lekududa

zāles pļāvējs
umshini wetjani

gultas veļa
lishidi

sega
ibhedspredi

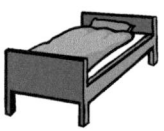

gulta
umbhedze

slota
umshanelo

spainis
libhakede

slēdzis
iswishi

māja - indlu

viesistaba
indzawo yamabonakudze

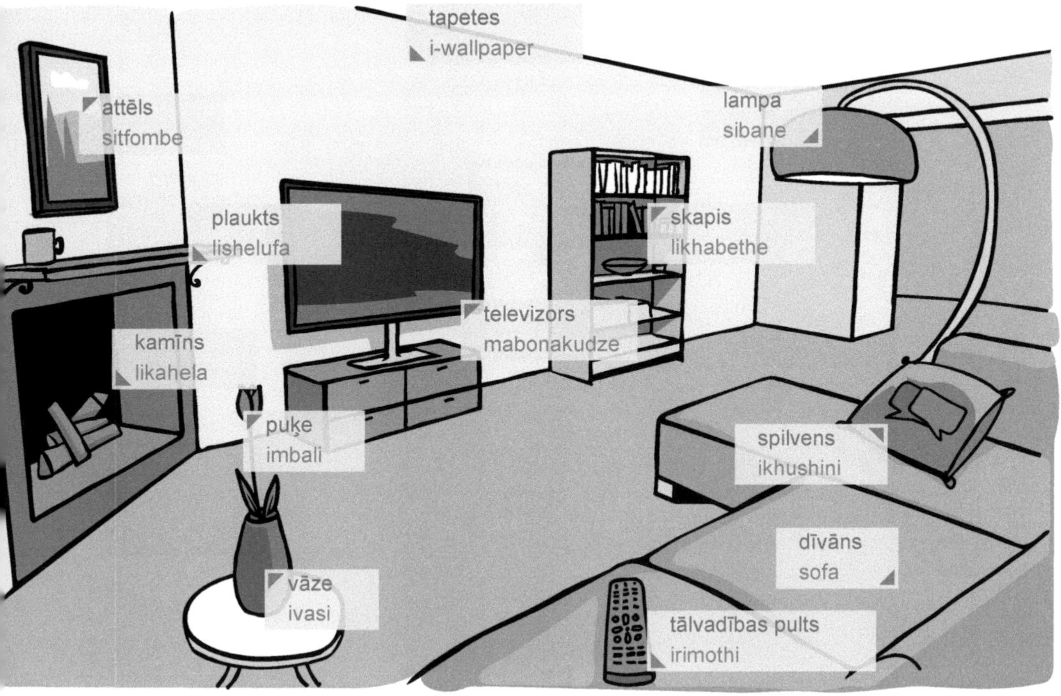

- tapetes / i-wallpaper
- attēls / sitfombe
- lampa / sibane
- plaukts / lishelufa
- skapis / likhabethe
- kamīns / likahela
- televizors / mabonakudze
- puķe / imbali
- spilvens / ikhushini
- dīvāns / sofa
- vāze / ivasi
- tālvadības pults / irimothi

paklājs
imadi yendlu

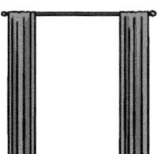

aizkars
likhetheni

galds
litafula

krēsls
situlo

šūpuļkrēsls
situlo sangephandle

atpūtas krēsls
situlosemikhono

grāmata
incwadzi

sega
ingubo

dekorācija
umhlobiso

malka
tinkhuni tekubasa

filma
lifilimu

mūzikas centrs
igumbagumba

atslēga
tikhiya

avīze
liphephandzaba

glezna
pende

plakāts
likhadi laselubondzeni

radio
iwayilensi

pierakstu blociņš
kwekutsa emaphuzu

putekļu sūcējs
i-hoover

kaktuss
sitjalo lokutsiwa yi-cactus

svece
likhandlela

viesistaba - indzawo yamabonakudze

virtuve
likhishi

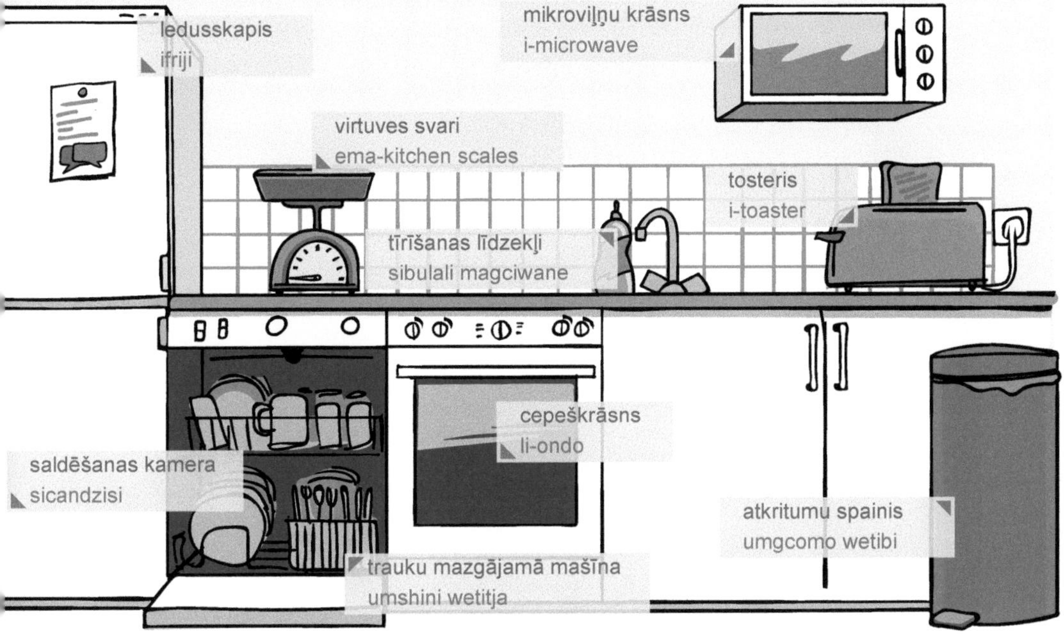

- ledusskapis / ifriji
- mikroviļņu krāsns / i-microwave
- virtuves svari / ema-kitchen scales
- tosteris / i-toaster
- tīrīšanas līdzekļi / sibulali magciwane
- cepeškrāsns / li-ondo
- saldēšanas kamera / sicandzisi
- atkritumu spainis / umgcomo wetibi
- trauku mazgājamā mašīna / umshini wetitja

plīts
umpheki

pods
libhodvo

katls
i-cast-iron pot

Wok panna
i-wok /kadai

panna
lipani

elektriskā tējkanna
ligedlela

tvaika katls

i-steamer

cepešpanna

lipani lekubhaka

trauki

i-crockery

krūze

imagi

bļoda

indishi

irbulīši

tindvukwana tekujuba

kauss

i-landle

lāpstiņa

si-spatula

putošanas slotiņa

i-whisk

sietiņš

i-strainer

siets

i-sieve

rīve

i-grater

piesta

i-mortar

grilēt

i-barbecue

atklāts pavards

umlilo lovulekile

virtuve - likhishi

dēlis

libhodi lekujuba kudla

mīklas rullis

i-rolling pin

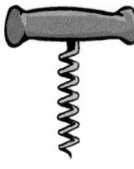

korķu viļķis

i-corkscrew

bundža

likani

konservu nazis

lithulusi lekuvala likani

virtuves cimdi

intfo yekubeka emabhodvo

izlietne

izinki

birste

libhulashi

sūklis

sipontji

mikseris

i-blender

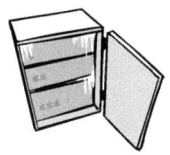

saldētava

i-deep freezer

bērna pudelīte

libhodlela lemntfwana

ūdenskrāns

impompi

virtuve - likhishi

vannas istaba
likamelo lekugezela

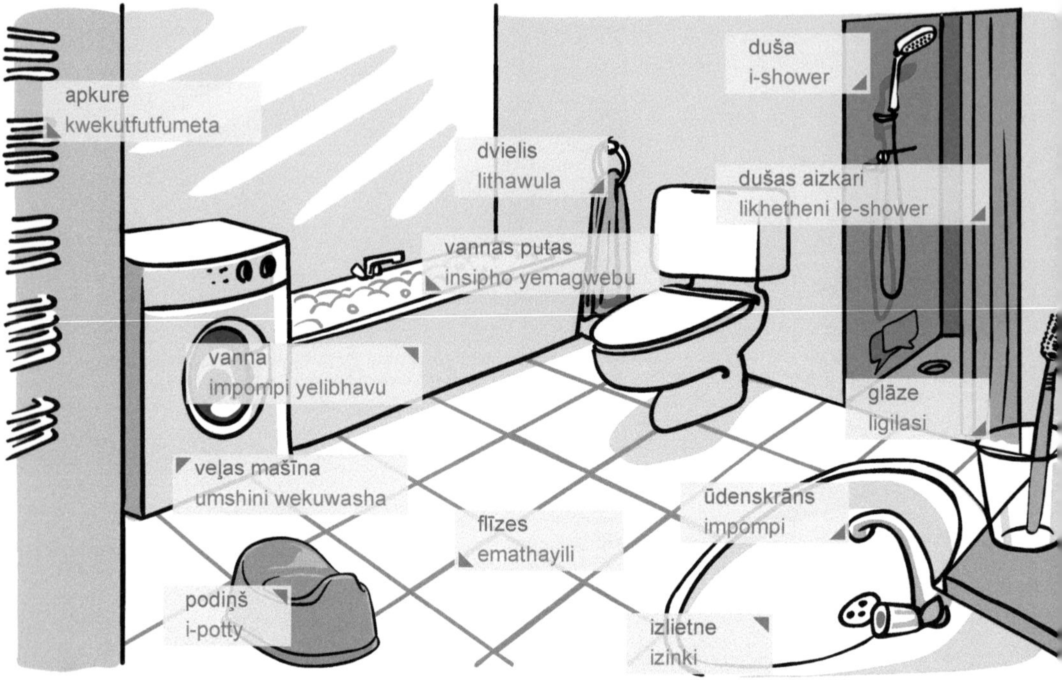

- duša / i-shower
- apkure / kwekutfutfumeta
- dvielis / lithawula
- dušas aizkari / likhetheni le-shower
- vannas putas / insipho yemagwebu
- vanna / impompi yelibhavu
- veļas mašīna / umshini wekuwasha
- flīzes / emathayili
- glāze / ligilasi
- ūdenskrāns / impompi
- podiņš / i-potty
- izlietne / izinki

tualetes pods
umthoyi

Āzijas tipa tualete
libhodvo lemthoyi

bidē
i-bidet

pisuārs
umnchamo

tualetes papīs
ithishu

tualetes birste
libhulashi lemthoyi

zobu birste
libhulashi lematinyo

zobu pasta
insipho yematinyo

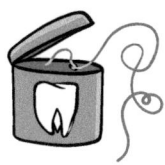

zobu diegs
intsambo yekuhlanta ematinyo

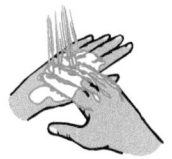

mazgāt
washa

rokas duša
liphayiphu le-shower lelibanjwa ngetandla

duša
i-douche

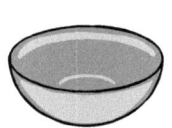

bļoda
i-basin

muguras mazgāšanas birste
libhulashi lemgogodla

ziepes
insipho lecinile

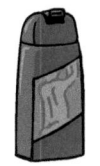

dušas želeja
i-gel ye-shower

šampūns
insipho yemagwebu

mazgāšanas drāna
i-flannel

noteka
kwekuhambisa emanti

krēms
i-cream

dezodorants
emakha emakhwapha

vannas istaba - likamelo lekugezela

spogulis
sibuko

spogulītis
sibuko lesincane

skuveklis
i-razor

skūšanās putas
emagwebu ekushefa

losjons pēc skūšanās
kwegcobisa ngemuva kwekushefa

ķemme
i-comb

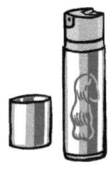

matu suka
libhulashi

matu fēns
kwekomisa tinwele

matu laka
kwekufutsa tinwele

grima komplekts
kwekutimomonya

lūpu krāsa
i-lipstick

nagulaka
pende wetingalo

vate
i-cotton wool

šķērītes
sikelo setingalo

smaržas
emakha

vannas istaba - likamelo lekugezela

kosmētikas maks
ikhwama setintfo tekugeza

ķeblītis
situlo

svari
sikali sesisindvo

halāts
kwekugcoka nawugeza

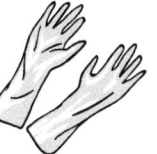
tīrīšanas cimdi
emagilavu e-rubber

tampons
i-tampon

pakete
lithawula lekuhlanta

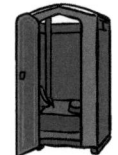
ķīmiskā tualete
imitsi yekukolobha umthoyi

vannas istaba - likamelo lekugezela

bērnu istaba
likamelo lemntfwana

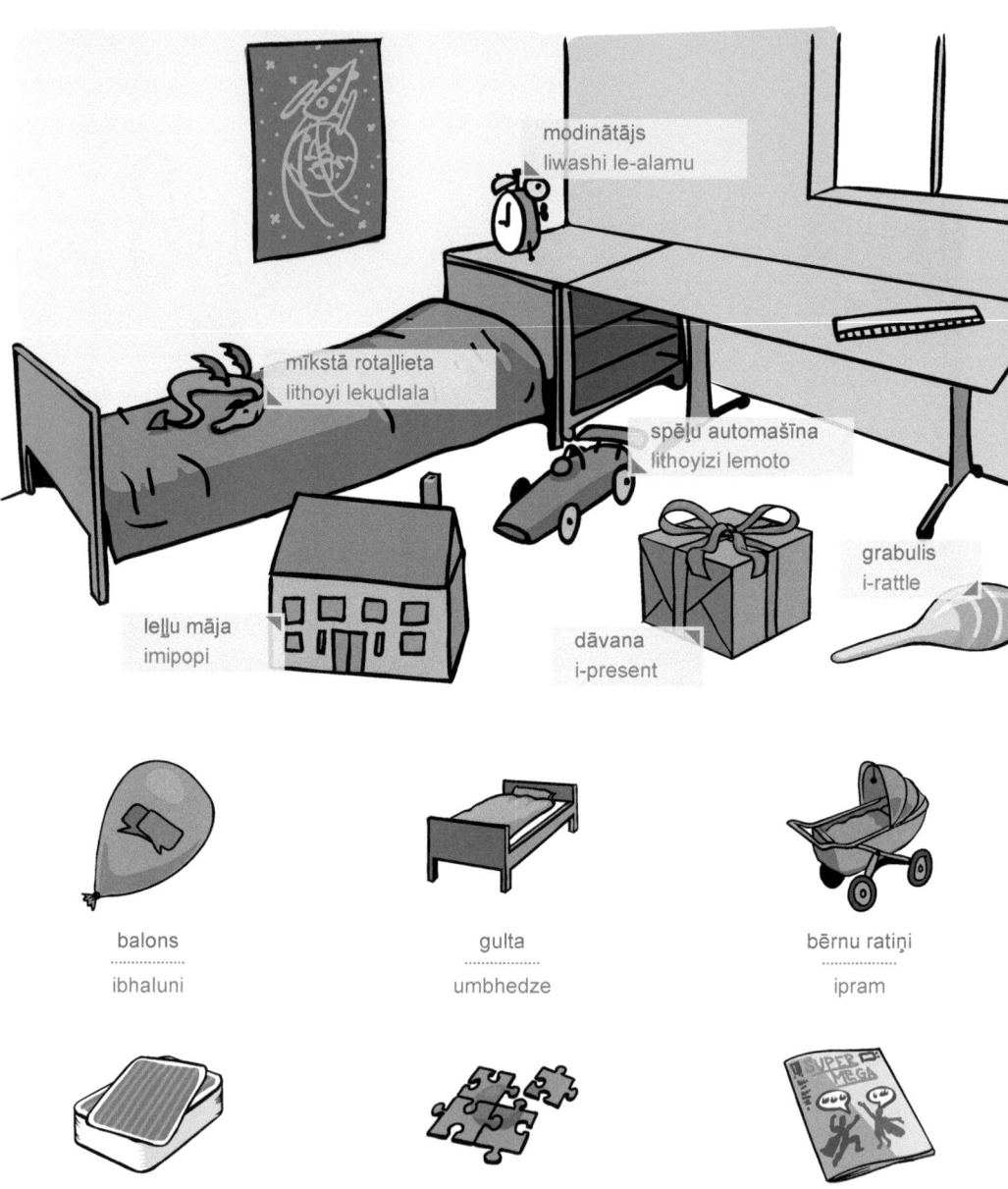

LEGO klucīši
emabloko e-lego

klucīši
emabloko ekwakha

varoņu figūra
i-actionfigure

rāpulītis
kukhula kwemntfwana

lidojošais šķīvītis
i-frisbee

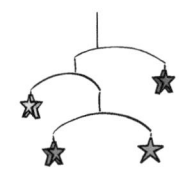

muzikālais karuselis
i-mobile

galda spēle
ibhodi yemdlalo

metamais kauliņš
lidayisi

rotaļu dzelzceļš
isethi yemathoyizi etitimela

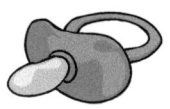

māneklis
i-dummy

ballīte
i-party

bilžu grāmata
incwadzi yetitfombe

bumba
ibhola

lelle
nodoli

spēlēt
dlala

bērnu istaba - likamelo lemntfwana

smilšu kaste
umgodzi wemhlabatsi

šūpoles
umjikeli

rotaļlietas
emathoyizi

spēļu konsole
umshini wemdlalo wema-video

trīsritenis
masondvontsatfu

plīša lācītis
umdoli welibhele

drēbju skapis
ihhodrobhu

apģērbs
timphahla tekugcoka

īszeķes
emakawosi

zeķes
ema-stockings

zeķbikses
umtjopi

apģērbs - timphahla tekugcoka

bodijs
umtimba

bikses
emabhuluko

džinsi
ibhokathi

svārki
sikedi

blūze
liblawosi

krekls
liyembe

pulovers
i-pullover

džemperis
i-hoodie

žakete
libhantji

jaka
silamba

mētelis
lijazi

lietus mētelis
lijazi lemvula

kostīms
i-costume

kleita
lilogo

kāzu kleita
likogo lemshado

uzvalks
isudi

naktskrekls
i-gown yasebusuku

pidžama
emabhijamu

sari
i-sari

lakats
sikafu

turbāns
i-turban

burka
i-burqa

kaftāns
i-kaftan

abaja
i-abaya

peldkostīms
timphahla tekududa

peldbikses
ema-anda

šorti
emabhuluko lamafishane

treniņtērps
i-treksudi

priekšauts
liphinifa

cimdi
emaglavu

apģērbs - timphahla tekugcoka   47

poga
inkinobho

brilles
tibuko

rokassprādze
buhlalu

kaklarota
umgaco

gredzens
indandatho

auskars
emacici

cepure
likepisi

drēbju pakaramais
i-hanger yelijazi

platmale
sigcoko

kaklasaite
thayi

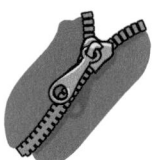

rāvējslēdzējs
iziphu

ķivere
sivikelo senhloko

bikšturi
kwekusekela sitfo semtimba

skolas forma
timphahla tesikolwa

uniforma
inyunifomu

apģērbs - timphahla tekugcoka

priekšautiņš
i-bib

māneklis
i-dummy

autiņbiksītes
linabukeli

birojs
lihhovisi

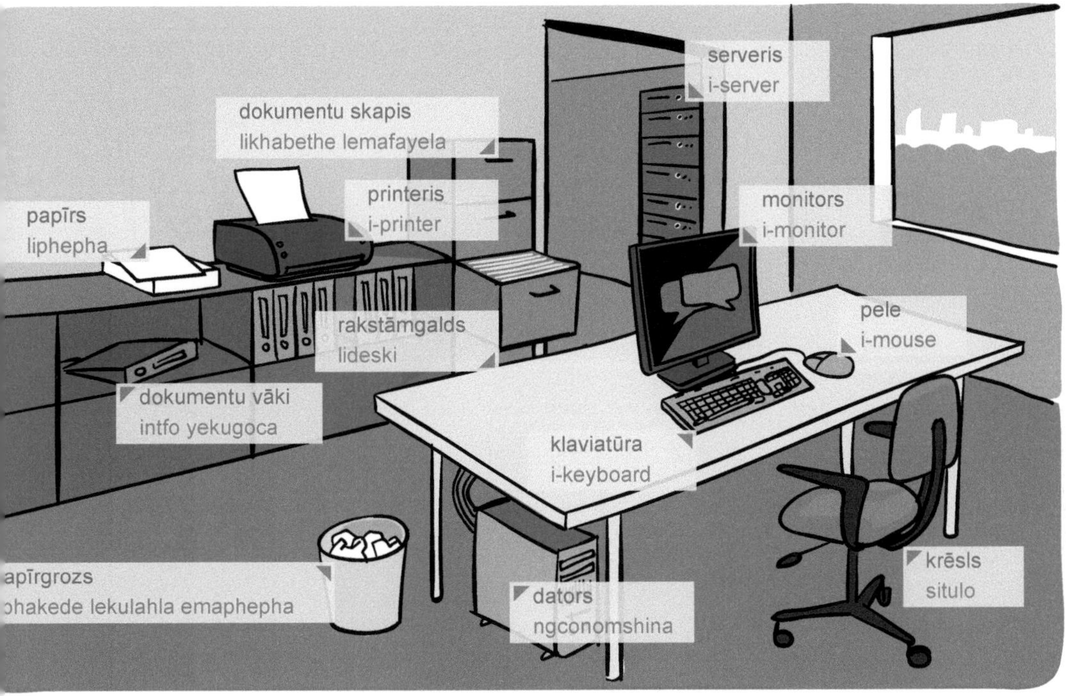

- serveris — i-server
- dokumentu skapis — likhabethe lemafayela
- printeris — i-printer
- monitors — i-monitor
- papīrs — liphepha
- rakstāmgalds — lideski
- pele — i-mouse
- dokumentu vāki — intfo yekugoca
- klaviatūra — i-keyboard
- papīrgrozs — phakede lekulahla emaphepha
- dators — ngconomshina
- krēsls — situlo

kafijas krūze
likomishi lelikofi

kalkulators
i-calculator

internets
i-inthanethi

portatīvais dators

i-laptop

vēstule

incwadzi

ziņa

umlayeto

mobilais tālrunis

i-mobile

tīkls

i-network

kopētājs

umshini wekwenta emakhophi

programmatūra

i-software

telefons

lucingo

rozete

liplaliki lagesi

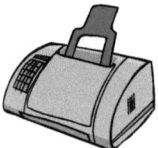

faksa aparāts

umshini wekufeksa

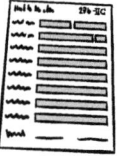

formulārs

lifomu

dokuments

liphepha

birojs - lihhovisi

ekonomika
umnotfo

pirkt
tsenga

samaksāt
bhadala

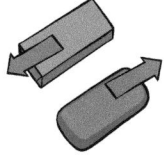
tirgot
beka imali

nauda
imali

dolārs
li-dollar

eiro
li-euro

jēna
li-yen

rublis
li-rouble

franks
i-Swiss franc

juaŋa renminbi
i-renminbi yuan

rūpija
i-rupee

bankomāts
umshini wemali

valūtas maiņas punkts

i-bureau de change

zelts

ligolide

sudrabs

lisiliva

nafta

woyela

enerģija

emandla

cena

linani

līgums

sivumelwano

nodoklis

umtselo

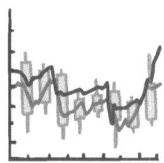

akcija

sitoko

strādāt

sebenta

darbinieks

sisebenti

darba devējs

umcashi

fabrika

ifemu

veikals

sitolo

profesijas
tikhundla

policists
liphoyisa

ugunsdzēsējs
umcimimlilo

pavārs
umpheki

ārsts
dokotela

pilots
umshayeli wetindiza

dārznieks
losebenta engadzini

galdnieks
ummbati

šuvēja
umtfungi

tiesnesis
mehluleli

ķīmiķis
khemisi

aktieris
umlingisi

autobusa vadītājs
umshayeli webhasi

taksometra vadītājs
umshayeli wekhumbi

zvejnieks
umdvobi

apkopēja
limedi

jumiķis
umfuleli

viesmīlis
waiter

mednieks
umtingeli

gleznotājs
mapendani

maiznieks
umbhaki

elektriķis
gesana

celtnieks
meselane

inženieris
sonjiniyela

miesnieks
umtsengisi wenyama

skārdnieks
somaphayiphi

pastnieks
lohambisa liposi

profesijas - tikhundla

karavīrs
lisotja

arhitekts
umdvwebi wemapulani

kasieris
umtsengisi

florists
umtsengisi wetimbali

frizieris
losebenta ngetinwele

konduktors
umbhidisi

mehāniķis
mekhenikha

kapteinis
kaputeni

zobārsts
dokotela wematinyo

zinātnieks
sosayensi

rabīns
rabi

imāms
imam

mūks
monk

mācītājs
umfundisi

profesijas - tikhundla

instrumenti
emathulusi

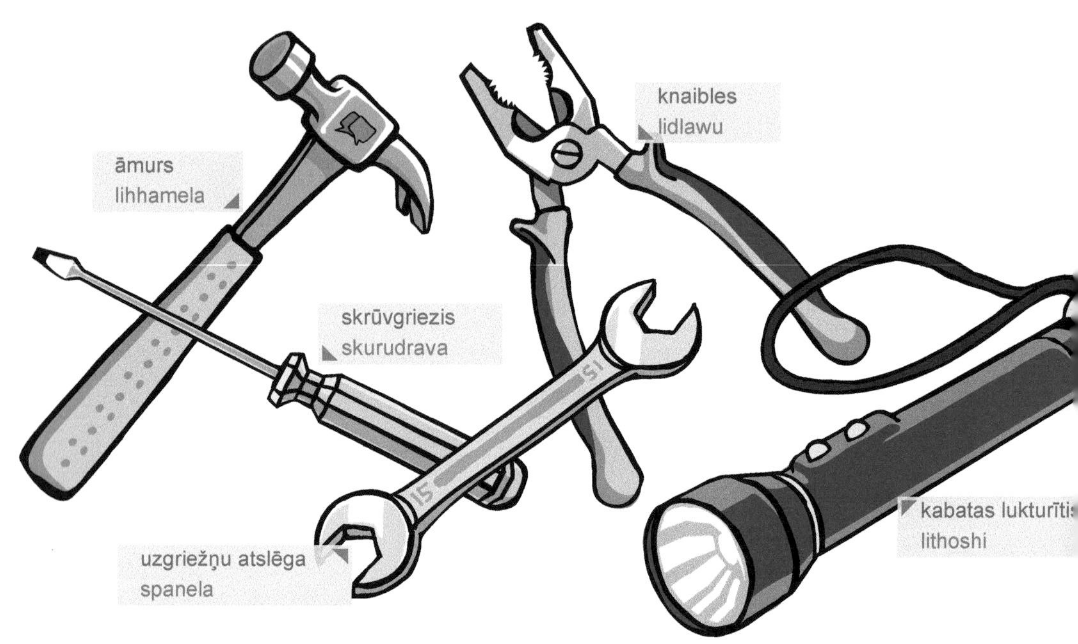

āmurs
lihhamela

knaibles
lidlawu

skrūvgriezis
skurudrava

uzgriežņu atslēga
spanela

kabatas lukturītis
lithoshi

ekskavators
lifosholo

instrumentu kaste
libhokisi lemathulusi

kāpnes
lilele

zāģis
lisaha

naglas
tipikili

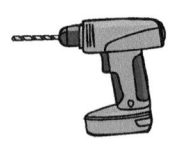

urbis
umshini wekwenta timbobo

remontēt
lungisa

lāpsta
lifosholo

Velns!
i-Damni!

liekšķere
lipani lekuwola tibi

krāsas bundža
likani lapende

skrūves
tikruzi

mūzikas instrumenti
insimbi yemculo

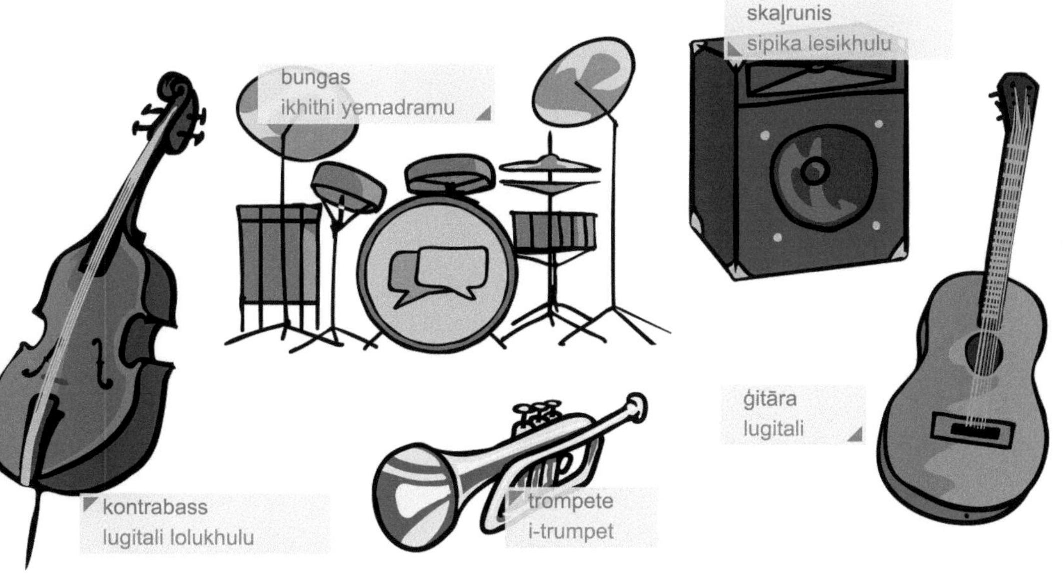

skaļrunis
sipika lesikhulu

bungas
ikhithi yemadramu

ģitāra
lugitali

kontrabass
lugitali lolukhulu

trompete
i-trumpet

klavieres
i-piano

vijole
ivayolini

bass
ibhesi

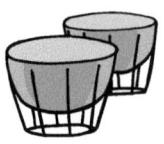
timpāni
i-timpani

bungas
emadramu

digitālās klavieres
i-keyboard

saksofons
i-saxohone

flauta
ifluthi

mikrofons
umbhobho

mūzikas instrumenti - insimbi yemculo

zooloģiskais dārzs
i-zoo

ieeja
umnyango wekungena

tīģeris
ingwe

būris
lihhoko

zebra
lidvuba

dzīvnieku barība
kupha tilwane kudla

panda
ipanda

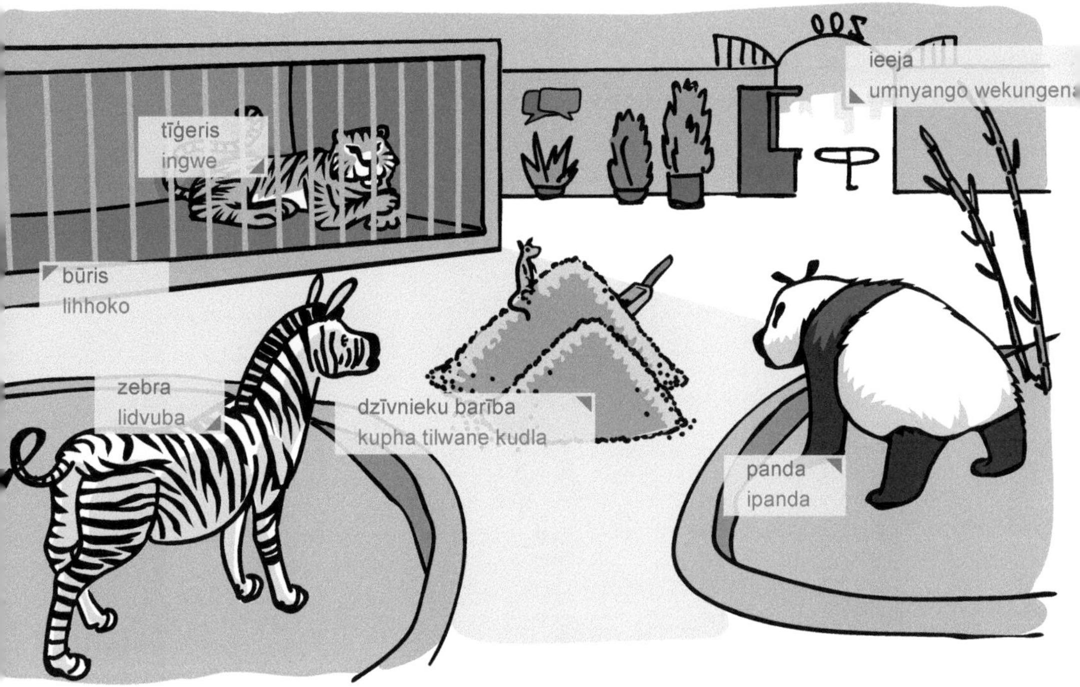

dzīvnieki
tilwane

zilonis
indlovu

ķengurs
ikangaru

degunradzis
bhejane

gorilla
igorila

lācis
libhele

zooloģiskais dārzs - i-zoo

kamielis
likamela

strauss
i-ostrishi

lauva
libhubesi

pērtiķis
imfene

flamings
i-flamingo

papagailis
iparoti

polārlācis
libhele

pingvīns
iphejini

haizivs
shaka

pāvs
iphigogo

čūska
inyoka

krokodils
ingwenya

zoodārza sargs
umgcini tilwane

ronis
isili

jaguārs
i-jaguar

zooloģiskais dārzs - i-zoo

ponijs	leopards	nīlzirgs
poni	ingwe	imvubu

žirafe	ērglis	meža cūka
indlulamitsi	lusweti	ingulube yesiganga

zivs	bruņurupucis	valzirgs
imfishi	lifundvu	i-warasi

lapsa	gazele	
jakalazi	inyamatane	

sports
temidlalo

amerikāņu futbols
libhola letinyawo laseMelika

riteņbraukšana
umdlalo wemabhayisikili

teniss
itenesi

basketbols
i-basketball

peldēšana
kududa

bokss
umdlalo wetibhakela

hokejs
umdlalo waselichweni

futbols
libhola letinyawo

badmintons
i-badminton

vieglatlētika
tingijimi

rokas bumba
libhola letandla

slēpošana
umdlalo wekuntjuza

polo
i-polo

62   sports - temidlalo

darbības
imisebenti

lēkt / gcuma
apskaut / gona
smieties / hleka
iet / hamba
dziedāt / hlabela
sapņot / liphupho
lūgt / thantaza
skūpstīt / cabuza

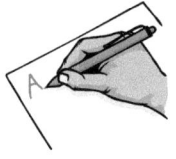

rakstīt
bhala

zīmēt
tsatsa

rādīt
khombisa

spiest
fuca

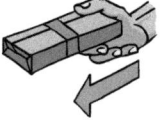

dot
nika

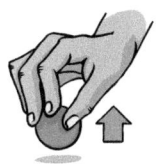

ņemt
tsatsa

darbības - imisebenti

būt
tsatsa

darīt
yenta

būt
be

stāvēt
sukuma

skriet
gijima

vilkt
dvonsa

mest
jika

krist
wani

gulēt
cala emanga

gaidīt
mani

nest
tsatsa

sēdēt
hlala

uzģērbt
yembatsa

gulēt
lala

pamosties
vuka

skatīties
buka

raudāt
khala

glāstīt
shaya

ķemmēt
kama

runāt
khuluma

saprast
condza

jautāt
buta

dzirdēt
lalela

dzert
natsa

ēst
dlani

sakārtot
gcogca

mīlēt
tsandza

vārīt
pheka

braukt
shayela

lidot
ndiza

darbības - imisebenti

65

burot
ntjuza

rēķināt
bala

lasīt
fundza

mācīties
fundza

strādāt
sebenta

precēties
shada

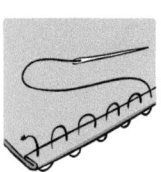
šūt
tfunga

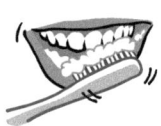
tīrīt zobus
kugeza ematinyo

nogalināt
bulala

smēķēt
bhema

sūtīt
tfumela

ģimene
umndeni

vecāmāte
gogo

vectēvs
mkhulu

tēvs
babe

māte
make

mazulis
umntfwana

meita
indvodzakati

dēls
indvodzana

viesis
sivakashi

tante
anti

onkulis
malume

brālis
umnaketfu

māsa
sisi

ķermenis
umtimba

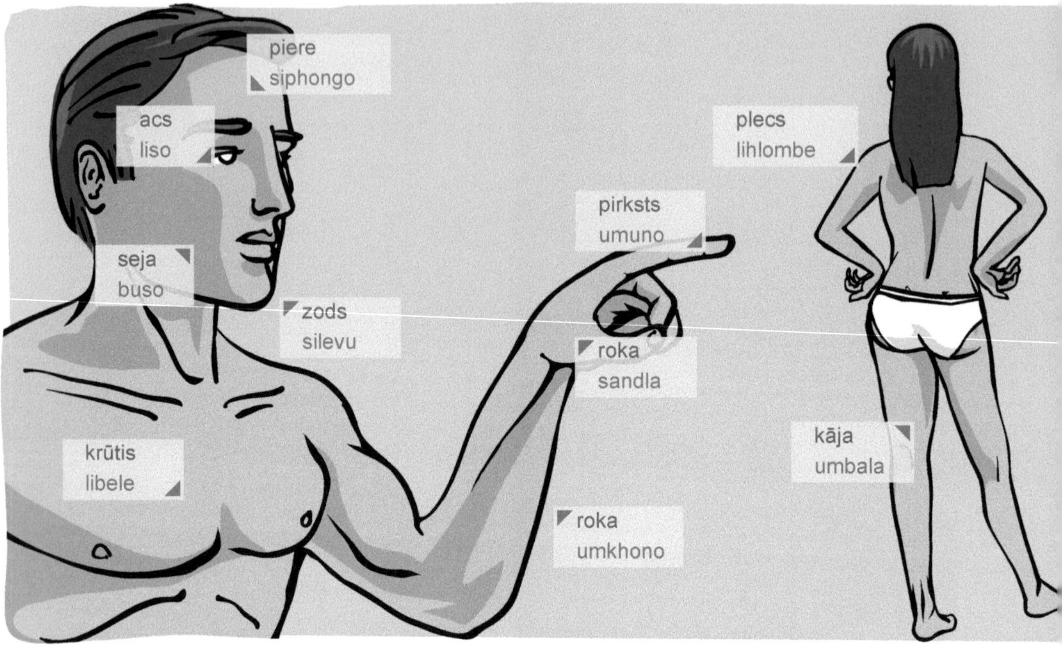

- piere / siphongo
- acs / liso
- seja / buso
- zods / silevu
- krūtis / libele
- plecs / lihlombe
- pirksts / umuno
- roka / sandla
- roka / umkhono
- kāja / umbala

mazulis
umntfwana

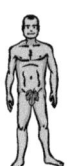

vīrietis
indvodza

sieviete
umfati

meitene
intfombatane

zēns
umfana

galva
inhloko

ķermenis - umtimba

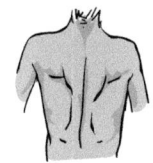

mugura
emuva

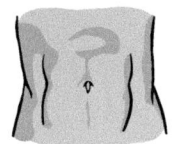

vēders
umkhatjana

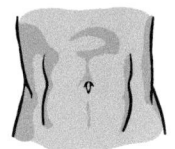

naba
sibhono

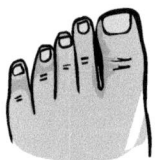

kājas pirksts
luzwane

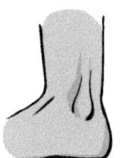

papēdis
sitsendze

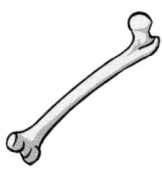

kauls
litsambo

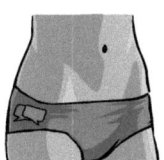

gurns
litsanga

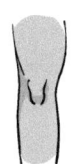

celis
lidvolo

elkonis
ingcosa

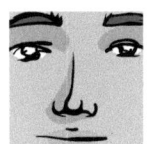

deguns
imphumulo

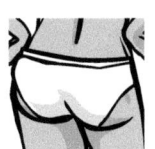

dibens
entansi

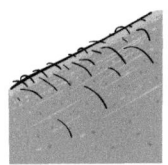

āda
sikhumba

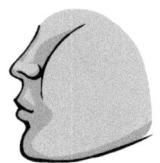

vaigs
sihlatsi

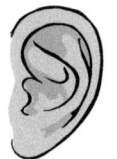

auss
indlebe

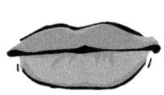

lūpa
indzebe

ķermenis - umtimba

mute
umlomo

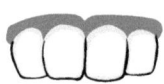

zobs
litinyo

mēle
lilimi

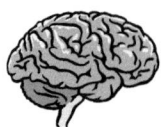

smadzenes
bucopho

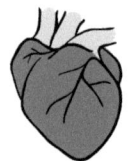

sirds
inhlitiyo

muskulis
umsipha

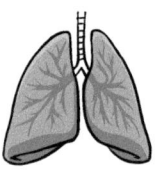

plaušas
liphaphu

aknas
sibindzi

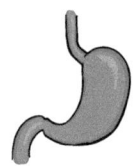

kuņģis
sisu

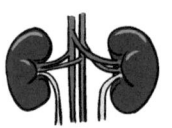

nieres
tinso

dzimumakts
kulalana

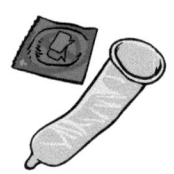

kondoms
lijazi lemkhwenyana

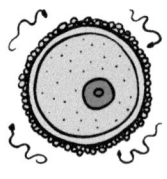

olšūna
licandza lentalo

sperma
sidvodza

grūtniecība
kukhulelwa

ķermenis - umtimba

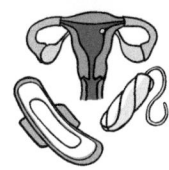  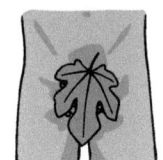

menstruācijas	vagīna	penis
kuya esikhatsini	ligolo	umpipi

  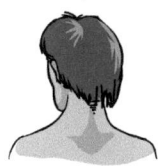

uzacs	mati	kakls
inkhophe	lunwele	intsamo

ķermenis - umtimba

slimnīca
sibhedlela

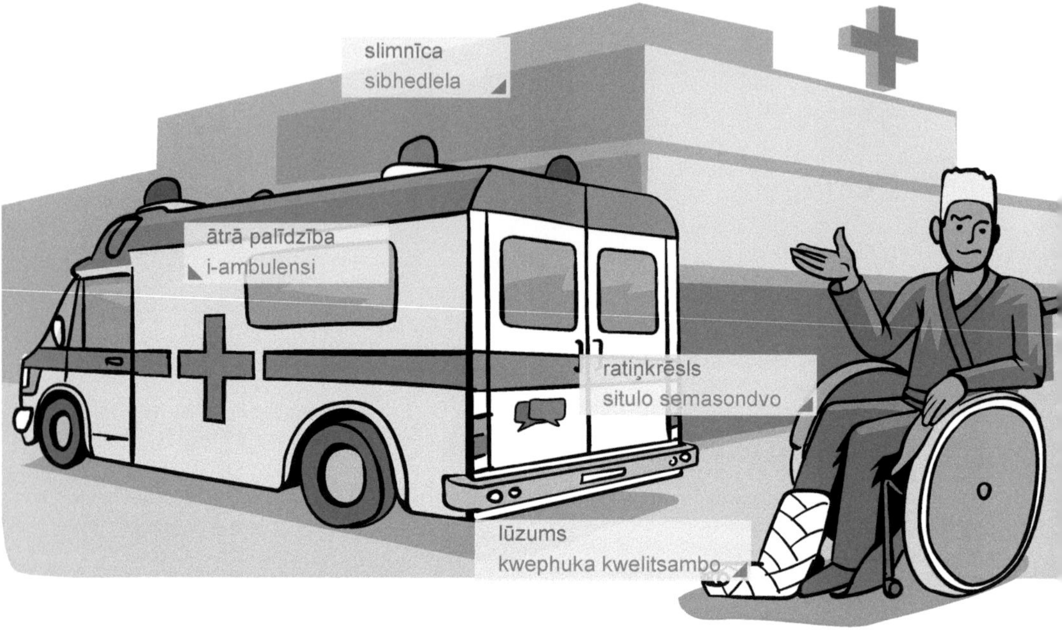

slimnīca
sibhedlela

ātrā palīdzība
i-ambulensi

ratiņkrēsls
situlo semasondvo

lūzums
kwephuka kwelitsambo

ārsts
dokotela

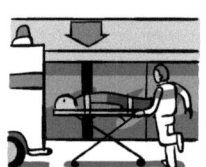

neatliekamās palīdzības nodaļa
ligumbi letimo letiphutfumako

medmāsa
nesi

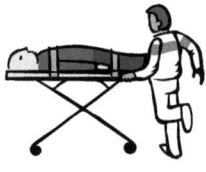

ārkārtas gadījums
simo lesiphutfumako

paģībis
kucaleka

sāpes
buhlungu

slimnīca - sibhedlela

ievainojums
kulimala

asiņošana
kopha

sirdslēkme
kuhlaselwa sifo senhlitiyo

insults
kufa luhlangotsi

alerģija
i-aleji

klepus
kukhwehlela

temperatūra
kushisa

gripa
umkhuhlane

caureja
kusheka

galvassāpes
kubulawa yinhloko

vēzis
umdlavuza

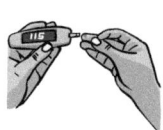
diabēts
kuba nashukela

ķirurgs
dokotela

skalpelis
umukhwa wekusika wabodokotela

operācija
kusikwa

slimnīca - sibhedlela 73

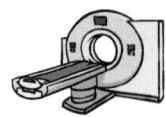	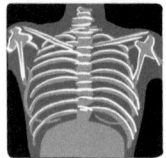	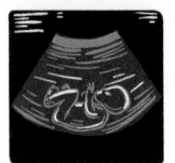
datortomogrāfija	rentgents	ultraskaņa
i-CT	i-x ray	umsindvo

sejas maska	slimība	uzgaidāmā telpa
sifonyo	sifo	ligumbi lekulindza

kruķis	plāksteris	apsējs
indvuku yekuhamba	i-plaster	ibhandishi
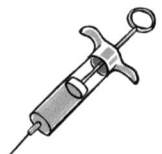	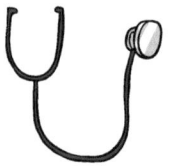	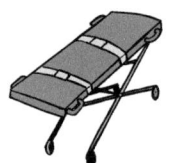
injekcija	stetoskops	nestuves
umjovo	lithulusi labodokotela lekulalela inhlitiyo	luhlaka

termometrs	dzemdības	liekais svars
kwekuhlola lizinga lemuntfu lekushisa	kutalwa	kunona kakhulu

slimnīca - sibhedlela

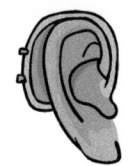
dzirdes aparāts
tinsita tekuva etindlebeni

dezinfekcijas līdzeklis
sibulali magciwane

infekcija
kwesuleleka ngesifo

vīruss
ligciwane

HIV / AIDS
i-HIV / AIDS

zāles
umutsi

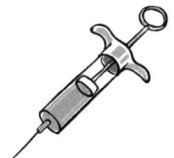
pote
kugoma

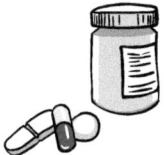
tabletes
emaphilisi

pretapaugļošanās tablete
liphilisi

ārkārtas izsaukums
lucingo loluphutfumako

asinsspiediena mērītājs
sicaphi semfutfo wengati

slims / vesels
gula / umcemane

slimnīca - sibhedlela

ārkārtas gadījums
simo lesiphutfumako

Palīgā!	trauksme	uzbrukums
Lusito!	i-alamu	kuhlukumeta

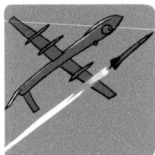

uzbrukums	bīstamība	avārijas izeja
kuhlasela	ingoti	umnyango wekuphuma nakuphutfuma

Uguns!	ugunsdzēšamais aparāts	negadījums
Umlilo	sicishamlilo	ingoti

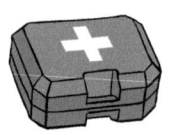

pirmās palīdzības aptieciņa	SOS	policija
ikhidi yelusito lwekucala	SOS	emaphoyisa

zeme
Umhlaba

Eiropa
i-Europe

Ziemeļamerika
iNyakatfo YeMelika

Dienvidamerika
iNingizimu YeMelika

Āfrika
i-Afrika

Āzija
i-Asia

Austrālija
i-Australia

Atlantijas okeāns
i-Atlantic

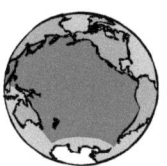

Klusais okeāns
i-Pacific

Indijas okeāns
i-Idian Ocean

Dienvidu okeāns
i-Antarctic Ocean

Ziemeļu ledus okeāns
i-Arctic Ocean

Ziemeļpols
Ligumbi laseNyakatfo

zeme - Umhlaba

Dienvidpols

Ligumbi laseNingizimu

Antarktika

iAntarctica

zeme

Umhlaba

zeme

indzawo

jūra

lwandle

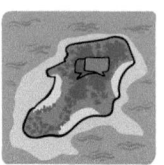

sala

sichingi

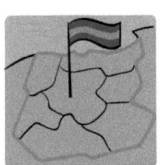

nācija

sive

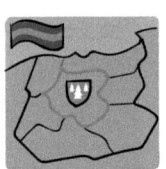

valsts

umbuso

zeme - Umhlaba

pulkstenis
liwashi

ciparnīca
buso beliwashi

stundu rādītājs
li-awa

minūšu rādītājs
imizuzu

sekunžu rādītājs
imizuzwana

Cik ir pulkstenis?
sikhatsi sini nyalo?

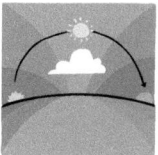
diena
lusuku

laiks
sikhatsi

tagad
nyalo

digitālais pulkstenis
liwashi lesimanjemanje

minūte
umzuzu

stunda
li-awa

nedēļa
liviki

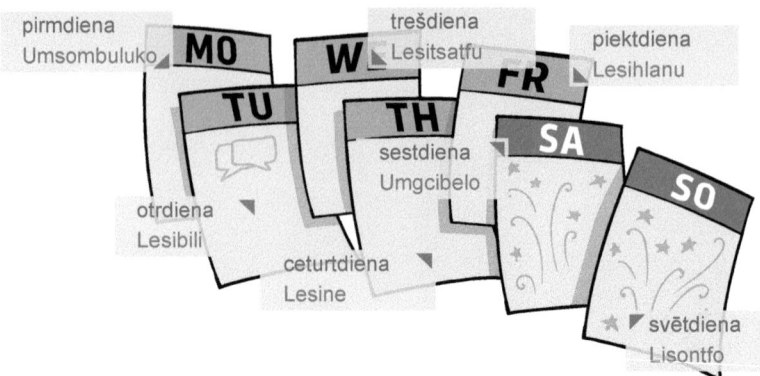

pirmdiena
Umsombuluko

otrdiena
Lesibili

trešdiena
Lesitsatfu

ceturtdiena
Lesine

piektdiena
Lesihlanu

sestdiena
Umgcibelo

svētdiena
Lisontfo

vakardien
itolo

šodien
lamuhla

rītdien
kusasa

rīts
ekuseni

pusdienlaiks
emini

vakars
entsambama

darbadienas
emalanga emsebenti

brīvdienas
imphelasontfo

gads
umnyaka

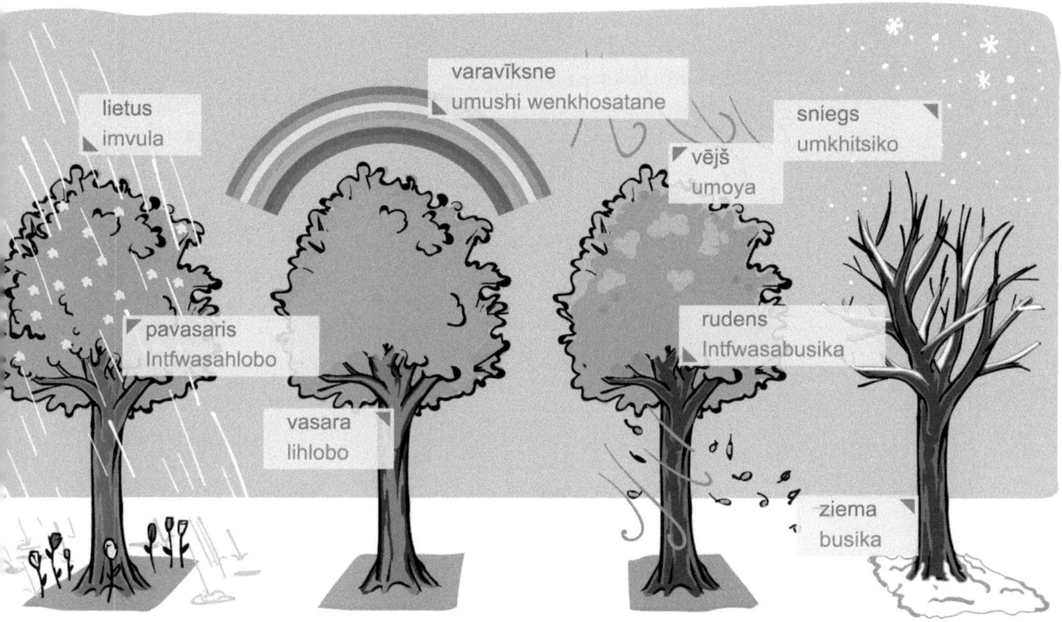

lietus
imvula
varavīksne
umushi wenkhosatane
sniegs
umkhitsiko
vējš
umoya
pavasaris
Intfwasahlobo
rudens
Intfwasabusika
vasara
lihlobo
ziema
busika

4.APRIL 11°
5.APRIL 4°
6.APRIL 13°
7.APRIL 8°
8.APRIL 10°

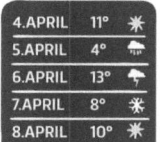

laika prognoze

simo selitulo

F C
120 90 60 30 0 -30
40 30 20 10 0 -10 -20

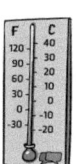

termometrs

kwekuhlola lizinga lekushisa

saules gaisma

kubalela

mākonis

emafu

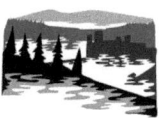

migla

inkhungu

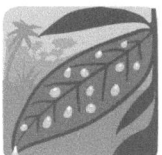

gaisa mitrums

umswakamo

zibens
umbane

pērkons
umbane

vētra
kudvuma lobunebungoti

krusa
sangcotfo

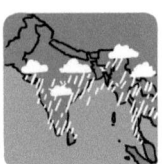

musons
inyeti

plūdi
tikhukhula

ledus
lichwa

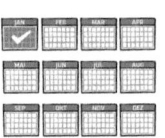

janvāris
Bhimbidvwane

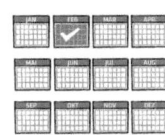

februāris
Indlovana

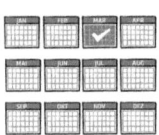

marts
Indlovulenkhulu

aprīlis
Mabasa

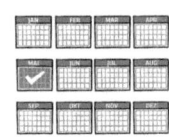

maijs
Inkhwenkhweti

jūnijs
Inhlaba

jūlijs
Kholwane

augusts
Ingci

gads - umnyaka

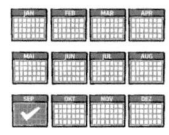
septembris
Inyoni

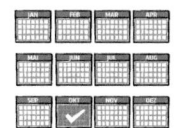
oktobris
Imphala

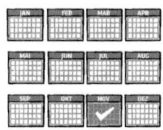
novembris
Lweti

decembris
Ingongoni

formas
kubumbeka kwetintfo

aplis
indingiliza

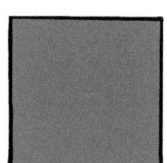
kvadrāts
sikwele

četrstūris
umdvwebo lonetinhlangotsi letindze letilinganako

trīsstūris
ncantsatfu

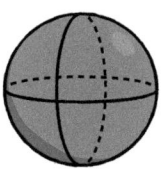
lode
i-sphere

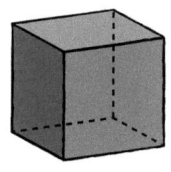
kubs
ikhiyubhu

krāsas
imibala

balts
kumhlophe

dzeltens
phuti

oranžs
sheli

sārts
kupinki

sarkans
kubovu

lillā
kunsomi

zils
luhlata

zaļš
luhlata njengetjani

brūns
loku-brown

pelēks
mtfubi

melns
mnyama

pretstati
lokwehlukile

daudz / maz
kunyenti / kuncane

saniknots / miermīlīgs
kutfukutsela / kwehlisa umoya

skaists / neglīts
buhle / bubi

sākums / beigas
sicalo / siphetfo

liels / mazs
bukhulu / buncane

gaišs / tumšs
kukhanya / bumnyama

brālis / māsa
bhuti / sisi

tīrs / netīrs
kuhloba / kungcola

pilnīgs / nepilnīgs
kuphelela / kungapheleli

diena / nakts
imi / busuku

miris / dzīvs
kufa / kuphila

plats / šaurs
kubanti / kuncane

baudāms / nebaudāms
lokudliwako / lokungadliwa

nikns / laipns
inhlitiyo lembi / umusa

satraukts / garlaikots
kutsakasa / kudvumala

resns / tievs
sidudla / umcondvo

pirmais / pēdējais
kwekucala / kwekugcina

draugs / ienaidnieks
umngani / sitsa

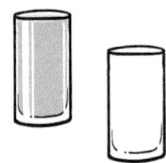

pilns / tukšs
kugcwala / kute lutfo

ciets / mīksts
kucina / kutsamba

smags / viegls
kusindza / kulula

izsalkums / slāpes
kulamba / koma

slims / vesels
gula / umcemane

nelegāls / legāls
kungabi semtsetfweni /
kuba semtsetfweni

inteliģents / dumjš
kuhlakanipha / bulima

kreisais / labais
sencele / sekudla

tuvu / tālu
dvutane / khashane

pretstati - lokwehlukile

jauns / lietots
lokusha / lokudzala

nekas / kaut kas
kute lutfo / kunalokutsite

vecs / jauns
budzala / busha

ieslēgts / izslēgts
kuyasebenta / akusebenti

atvērts / slēgts
kuvulekile / kuvalekile

kluss / skaļš
kuthula / umsindvo

bagāts / nabags
kunjinga / kuphuya

pareizi / nepareizi
kulungile / akukalungi

raupjš / gluds
kuyahhedla / kuyashelela

noskumis / laimīgs
kuva buhlungu / kujabula

īss / garš
kufishane / kudze

lēns / ātrs
kunwabuka / kushesha

slapjš / sauss
kumanti / komile

silts / vēss
kufutfumele / kusivuvu

karš / miers
imphi / kuthula

pretstati - lokwehlukile

skaitļi
tinombolo

0
nulle
indilinga

1
viens
kunye

2
divi
kubili

3
trīs
kutsatfu

4
četri
kune

5
pieci
sihlanu

6
seši
sitfupha

7
septiņi
sikhombisa

8
astoņi
siphohlongo

9
deviņi
yimfica

10
desmit
lishumi

11
vienpadsmit
lishumi nakunye

12 divpadsmit
lishumi nakubili

13 trīspadsmit
lishumi nakutsatfu

14 četrpadsmit
lishumi nakune

15 piecpadsmit
lishumi nesihlanu

16 sešpadsmit
lishumi nesitfupha

17 septiņpadsmit
lishumi nesikhombisa

18 astoņpadsmit
lishumi nesiphohlongo

19 deviņpadsmit
lishumi nemfica

20 divdesmit
emashumi lamabili

100 simts
likhulu

1.000 tūkstotis
inkhulungwane

1.000.000 miljons
sigidzi

Valodas
tilwimi

angļu — Singisi

amerikāņu angļu — Singisi saseMelika

ķīniešu mandarīnu valoda — SiMandarini seseShayina

 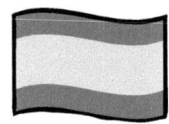 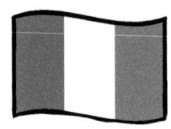

hindi — SiHindi

spāņu — Sipanishi

franču — SiFulentji

 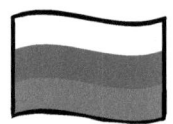 

arābu — Si-Arabu

krievu — SiRashiya

portugāļu — SiPhuthukezi

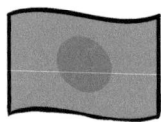 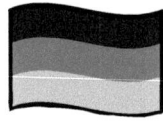 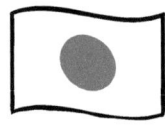

bengāļu — SiBhengali

vācu — SiJalimane

japāņu — SiJapane

kas / ko / kā
ngubani / ini / njani

es
Mine

tu
wena

viņš / viņa
yena / yona

mēs
tsine

jūs
nine

viņi / viņas
bona

kas?
bani?

ko?
ini?

kā?
njani?

kur?
kuphi?

kad?
nini?

vārds
libito

kur
kuphi

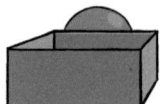

aiz
ngemuva

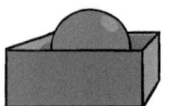

iekšā
ekhatsi

priekšā
embi kwe

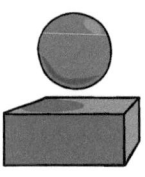

virs
ngenhla

uz
etulu

zem
ngephansi

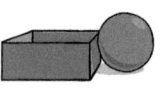

blakus
eceleni

starp
emkhatsini

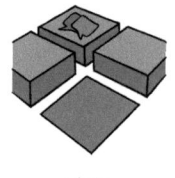

vieta
indzawo